CÉRÉMONIE PATRIOTIQUE

DU 7 SEPTEMBRE 1890

Dimanche 7 septembre, a eu lieu à Ornans une cérémonie patriotique, organisée par les conscrits de 1870,
en mémoire des soldats morts dans cette ville pendant
la guerre franco-prussienne. Le monument élevé sur le
cimetière avait été restauré pour cette circonstance.
Toute la ville s'est associée à cette pieuse manifestation,
dans un sentiment de cordiale fraternité. Le matin, à
sept heures et demie, une messe a été célébrée dans
l'église paroissiale, pour le repos de l'âme de ces victimes de la guerre. M. l'abbé Perrin, curé actuel de
Saint-Claude, ancien conscrit et soldat de 1870, avait
été invité à s'associer à cette cérémonie funèbre. En
présence de l'assistance nombreuse et recueillie qui
remplissait l'église, il a adressé, à ses anciens compagnons d'armes, une vibrante allocution, pour les
féliciter de manifester ainsi leurs sentiments de foi, de
patriotisme et de charité fraternelle.

A dix heures, le cortège des anciens conscrits,
auxquels s'était jointe toute la population, s'est rendu
au cimetière. et s'est réuni autour du monument fu-

A mes Conscrits de 1870

ALLOCUTION

PRONONCÉE A

LA CÉRÉMONIE PATRIOTIQUE

DU 7 SEPTEMBRE 1890

DANS L'ÉGLISE D'ORNANS

Par M. l'Abbé PERRIN

CURÉ DE SAINT-CLAUDE

BESANÇON

IMPRIMERIE ET LITHOGRAPHIE DE PAUL JACQUIN

Grande-Rue, 14, à la Vieille-Intendance

—

1890

ALLOCUTION

PRONONCÉE A

LA CÉRÉMONIE PATRIOTIQUE

DU 7 SEPTEMBRE 1890

DANS L'ÉGLISE D'ORNANS

Par M. l'Abbé PERRIN

CURÉ DE SAINT-CLAUDE

BESANÇON

IMPRIMERIE ET LITHOGRAPHIE DE PAUL JACQUIN

Grande-Rue, 14, à la Vieille-Intendance

1890

CÉRÉMONIE PATRIOTIQUE

DU 7 SEPTEMBRE 1890

Dimanche 7 septembre, a eu lieu à Ornans une cérémonie patriotique, organisée par les conscrits de 1870, en mémoire des soldats morts dans cette ville pendant la guerre franco-prussienne. Le monument élevé sur le cimetière avait été restauré pour cette circonstance. Toute la ville s'est associée à cette pieuse manifestation, dans un sentiment de cordiale fraternité. Le matin, à sept heures et demie, une messe a été célébrée dans l'église paroissiale, pour le repos de l'âme de ces victimes de la guerre. M. l'abbé Perrin, curé actuel de Saint-Claude, ancien conscrit et soldat de 1870, avait été invité à s'associer à cette cérémonie funèbre. En présence de l'assistance nombreuse et recueillie qui remplissait l'église, il a adressé, à ses anciens compagnons d'armes, une vibrante allocution, pour les féliciter de manifester ainsi leurs sentiments de foi, de patriotisme et de charité fraternelle.

A dix heures, le cortège des anciens conscrits, auxquels s'était jointe toute la population, s'est rendu au cimetière, et s'est réuni autour du monument funèbre. M. Journet, adjoint de la ville, un des conscrits de 1870, a prononcé un discours au nom de ses compagnons de cette année terrible. Après lui, M. Colard, maire d'Ornans ; M. Leclerc, juge de paix ; M. Maillard, notaire, ont fait entendre des paroles patriotiques, au nom des combattants de 1870. M. l'abbé Perrin a lu une pièce de vers à ses cent dix-sept frères d'armes qui reposent dans ce cimetière, à l'ombre de la croix. A midi, le cortège rentrait en ville, et une marche funèbre, exécutée par la fanfare, terminait la cérémonie. Le soir, un banquet fraternel réunissait de nombreux convives.   (*Semaine religieuse.*)

ALLOCUTION

PRONONCÉE

A L'ÉGLISE PAROISSIALE D'ORNANS

Le 7 septembre 1890

—————

Stato in fide, viriliter agite et confortamini.
Soyez fermes dans la foi, agissez virilement et fortifiez-vous.
(*I. Cor.*, XVI, 13.)

Grande, belle et touchante est la cérémonie de ce jour. C'est à vous que nous la devons, mes chers conscrits de 1870. Vous en avez été les instigateurs, votre zèle patriotique l'a organisée, et chacun applaudit au succès de votre pieuse démarche. Plus que tous j'ai le devoir de vous en féliciter, et je m'autorise de la bienveillance de votre pasteur pour le faire publiquement dans cette enceinte.

Je n'ai garde, en effet, d'oublier que je suis l'un des vôtres. Il y a vingt ans, j'ai, en même temps que vous, affronté les fatigues de la guerre, et avant de revêtir cette soutane qui me consacre au culte de Dieu et au bien des âmes, j'étais heureux de porter la livrée du soldat pour la défense de notre mère commune, la France, alors agonisante sous les pieds d'un insolent vainqueur. Vous vous en êtes souvenus et vous avez désiré que votre ancien compagnon d'armes, aujourd'hui prêtre, inaugurât cette grande journée du 7 septembre 1890 par la prière et l'oblation du saint sacrifice pour vous et pour les vaillants qui reposent dans le cimetière de notre cité. Ce désir fait honneur à vos sentiments chrétiens ; c'est ma joie d'y répondre en mêlant mes prières aux vôtres pour ces nobles enfants de la patrie dont le souvenir vit dans nos cœurs plus encore que sur la pierre funéraire qui recouvre leurs cendres.

Mais je ne vous dois pas que des félicitations. Il me faut aussi vous donner les leçons qui ressortent de cette solennité. Vous l'avez demandé vous-mêmes, et je vais le faire dans la simplicité et la liberté de la parole évangélique. Vous faites à cette heure acte de christianisme, acte de patriotisme, acte de charité fraternelle. Je suis donc bien en droit de vous dire : Demeurez fermes dans la foi que vous affirmez publiquement par votre présence dans cette église, *state in fide ;* ayez toujours le courage viril qui caractérise les vrais Français, *viriliter agite ;* fortifiez vos rangs par les liens d'une charité toute fraternelle, *confortamini.*

I.

Vous faites aujourd'hui acte de chrétiens croyants et pratiquants. Vous affirmez hautement et publiquement que vous tenez à votre titre d'enfants de Dieu et de la sainte Eglise catholique, apostolique et romaine. Vous proclamez votre ferme conviction, que nulle œuvre ne saurait être vraiment grande si le Seigneur n'est invoqué pour la bénir. En un mot, votre présence ici redit, avec une éloquence que nul ne peut méconnaitre, la devise gravée au cœur de tout catholique français : Dieu et patrie !

Cette foi qui vous inspire, c'est celle de votre baptème,

celle dont vous avez appris à bégayer les premiers mots
sur les genoux de vos mères, celle de votre première com-
munion, celle qui si souvent vous a consolés dans vos
peines, vous faisant entrevoir, après les luttes et les fatigues
de cette vie, les radieuses espérances de l'immortalité;
c'est la foi qui animait les soldats dont vous honorez
aujourd'hui la tombe. Je les ai vus, et je n'en perdrai
jamais le souvenir, je les ai vus tous appelant le prêtre à
leur chevet d'agonie, demandant à la religion l'adoucisse-
ment de leurs souffrances et acceptant, avec un cœur dé-
chiré sans doute, mais aussi avec une résignation digne
d'être admirée de la terre et du ciel, acceptant, dis-je, le
sacrifice de mourir loin d'un père et d'une mère adorés.
Je les ai vus souriant à la mort, parce que le prêtre leur
apportait, dans le mystère de la foi, le viatique de leur
éternité, le pain des forts qui fait vivre toujours.

Entourez donc cette foi chrétienne d'un affectueux res-
pect. Elle en est digne; car c'est elle qui a régénéré et
civilisé le monde; elle a couvert l'Europe, et notre France
en particulier, de cette multitude d'asiles où viennent
s'abriter toutes les misères humaines, depuis les larmes
du petit enfant abandonné jusqu'à la triste et fatigante
décrépitude du vieillard. Elle a vaincu toutes les puis-
sances, et la puissance de l'épée et la puissance du génie
du mal. Elle a toujours fait la gloire de cette province de
Franche-Comté, bien plus encore que sa bravoure éprouvée
dans les combats qu'elle a soutenus pour son indépen-
dance. Que d'autres, obéissant à je ne sais quelles se-
crètes passions ou quel sot orgueil, semblent abjurer les
croyances de leur baptème, vous, mes chers conscrits,
vous serez plus sages et vous garderez intact le trésor de
votre foi, pour le bonheur de vos familles, pour l'honneur
de cette cité, pour le glorieux avenir de la France. Je vous
connais assez pour affirmer, sans hésitation aucune, que le

désir qui vous tient le plus au cœur, c'est le vœu de notre grand Lamartine :

O Dieu de mon berceau, sois le Dieu de ma tombe !

II.

Vous faites acte de patriotisme. Vous ne demandez pas à ceux qui s'associent à vous la couleur de leurs opinions. Vous faites trève à tout intérêt de parti, et vous vous embrassez dans cette religion supérieure à toutes les dissidences politiques, je veux dire la patrie. La patrie! vous avez souffert pour elle. D'autres pour elle ont succombé à la peine, et vous allez tout à l'heure, en vous agenouillant sur leur tombe, vous fortifier dans la conviction que l'austère discipline, le rude sacrifice, l'amour du prochain et de Dieu par-dessus tout, rendent une nation grande, belle et glorieuse. A la patrie, sachez-le bien, vous devez donner tout ce que vous êtes et tout ce que vous avez, votre cœur, vos bras, vos veilles, vos biens et votre vie. Qui hésite à mourir pour elle, celui-là est infâme à jamais.

Le patriotisme est la mise en action du courage dans toute sa virilité : *viriliter agite.* Or, on n'est vraiment capable de pratiquer ces mâles vertus que par le souffle de l'inspiration chrétienne. Dégagé de l'esprit de foi, le patriotisme est incomplet; il ne monte pas jusqu'à la sublimité de l'héroïsme. Au contraire, avec la foi pour inspiratrice, il enfante les prodiges qui ravissent l'admiration des siècles. Pensez-vous que nous aurions jamais eu notre Jeanne d'Arc, si Dieu ne lui avait mis au cœur, par les enseignements de la foi, le courage qui fait les héros? Ne savez-vous pas aussi, par notre histoire nationale, que nos plus illustres capitaines furent toujours des chrétiens convaincus?

Ah! laissez-moi vous citer un trait touchant entre tous et qui vient parfaitement à l'appui de la doctrine que je vous prêche. Le fait s'est passé le 9 janvier 1871. Charles Gombauld, sergent au 2ᵉ tirailleurs, né à Dinan, était prisonnier avec six mille Français dans une ville de Bavière, à Ingolstadt. Un jour, il fut victime de la brutalité d'un caporal prussien. Blessé dans son amour-propre de Français et dans son honneur de soldat, il repousse son agresseur avec dignité, mais aussi avec calme. Pourtant il est condamné de ce chef à être passé par les armes. Il reçoit la terrible sentence sans trembler, comme il convient à celui qui est sans reproche. Mais Charles Gombauld était vaillant chrétien autant que brave soldat ; ces deux mots, d'ailleurs, sont toujours synonymes. Avant le jour de l'exécution, il se confesse avec toute la franchise d'un militaire et il communie avec la piété d'un ange. On le conduit garrotté au milieu du camp français. Six mille de ses compatriotes doivent assister à l'exécution : c'était une humiliation de plus pour la France, qui en devait subir tant d'autres. Viril jusque dans les bras de la mort, notre héros ne veut pas qu'on lui mette, selon l'usage, de bandeau sur les yeux. Au moment où il arrive sur le lieu de l'exécution : « Vous autres, fusiliers bavarois, s'écrie-t-il d'une voix forte, ne tirez que quand j'aurai donné le signal. » Puis se tournant vers ses compatriotes : « Et vous, dit-il, chers camarades, je vais mourir, mais avant, criez tous : Vive la France ! »

Et une immense clameur s'élève dans les rangs français, et les bords du Danube sont forcés de répéter : Vive la France ! Feu ! dit alors le héros, et il tombe blessé de cent balles meurtrières, mais transfiguré dans les splendeurs de son patriotisme et de sa foi. Donnez-moi cent mille hommes qui se confessent et communient comme ce sergent de vingt-deux ans, et, je le crois de tout mon cœur, notre France défiera ses ennemis, parce qu'elle aura à son service de vrais chrétiens, et que le christianisme seul enfante les vrais patriotes et les vrais héros ! *Vir illius agité*.

III.

Enfin, c'est par cette pensée que je termine, vous faites aujourd'hui un acte de charité fraternelle, et cette charité fera votre force : *confortamini*. Vous connaissez le précepte de notre maître à tous, Notre-Seigneur Jésus-Christ, béni aux siècles des siècles : Aimez-vous les uns les autres. Vous connaissez aussi la parole par laquelle le disciple bien-aimé caractérise l'œuvre du Rédempteur : « Ayant aimé les siens qui étaient dans le monde, il les aima jusqu'à la fin. »

Vous réalisez aujourd'hui et le précepte et l'exemple du Maître. Ici, en effet, tous les rangs sont confondus, tous les cœurs battent à l'unisson, et le prêtre de Jésus-Christ, saintement ému de ce spectacle, salue avec le roi-prophète cette union des cœurs qui fait notre force et notre joie. *Ecce quam bonum et quam jucundum habitare fratres in unum !*

Notre fraternité, ce n'est pas la fraternité vaporeuse du cabaret, mais celle de l'Evangile, qui nous apprend que nous sommes tous frères en Jésus-Christ, que nous avons là-haut le même Père céleste, à qui nos voix disent chaque jour la même prière : *Pater noster....*

Notre fraternité est une fraternité divine, et parce qu'elle est divine, nous aimons jusqu'à la fin. La fin, ce n'est pas l'heure d'une séparation momentanée ; la fin, c'est l'éternité ; car l'amour vrai n'a pas de fin. Plus fort que la mort, il ne s'arrête qu'aux rivages de l'enfer, qui est le lieu où l'on n'aime pas. C'est pourquoi vous aimez, même longtemps après leur mort, les soldats qui reposent dans notre cimetière. Ils sont pour vous des inconnus, vous n'avez point vécu dans leur intimité et vous ignorez l'histoire de leur vie. Qu'importe? vous savez seulement qu'ils sont Français. N'est-ce pas assez pour émouvoir vos cœurs et gagner votre inaltérable affection?

La cause pour laquelle ils ont donné leur vie était notre cause commune, je veux dire l'honneur de la France. Leur trépas lui a donné un nouveau fleuron de gloire; car il y a des défaites glorieuses qui permettent aux vaincus de porter un front haut sous le regard insolent du vainqueur. Aussi bien, mes chers conscrits, rendons un suprême hommage à leur bravoure. S'il est une chose qu'il faille donner en exemple aux générations naissantes, c'est la tombe du soldat entourée de la vénération du peuple. Mais ne l'oubliez pas, ni les monuments les plus superbes, ni les panégyriques les plus éloquents, ne sont d'aucune utilité pour les morts. La religion et l'équité demandent quelque chose de plus; c'est que nous priions pour les plus obscurs soldats, et que nous hâtions ainsi le moment où, pleinement purifiés de leurs fautes, ils recevront la couronne de l'immortalité dans les splendeurs de la patrie. Vous vous en souviendrez tout à l'heure quand vous visiterez la tombe de vos compagnons d'armes. Vous leur donnerez le meilleur des souvenirs, l'aumône d'un *De profundis*.

Ainsi, dans cette grande journée sera vérifiée la devise d'un illustre évêque, qui fut aussi un ardent patriote : Gloire à Dieu, paix aux vivants, repos aux morts! Gloire à Dieu, puisque les prémices de ce jour lui sont consacrées; paix aux vivants, puisqu'ils n'ont ici qu'un cœur et qu'une âme; repos aux morts, puisque par nos suffrages nous leur ouvrons les portes du ciel. Ainsi soit-il.

A MES FRÈRES D'ARMES

Poésie récitée au cimetière d'Ornans le 7 septembre 1890.

Frères, je vous ai vus au champ de la vaillance,
Sans peur, fiers de verser votre sang pour la France.
Le prêtre recueillait votre dernier soupir ;
Vos mains pressaient du Christ l'image trois fois sainte ;
Vos lèvres l'embrassaient d'une amoureuse étreinte.
Soldats, en vrais Français vous saviez tous mourir !

Voilà vingt ans bientôt, vous dormez dans la tombe,
Et, bien qu'autour de nous tout s'efface et tout tombe,
Votre souvenir vit radieux dans nos cœurs.
Si vos corps ne sont plus qu'une froide poussière,
Vos âmes de héros, planant dans la lumière,
Du vrai patriotisme enflamment les ardeurs.

Vos frères sont venus rendre un suprême hommage
A vos mâles vertus, au sublime courage
De vous tous, défenseurs des foyers envahis.
Ils voudraient vous chanter d'une voix magnifique,
O nobles champions de la bravoure antique,
Qui du ciel aujourd'hui peuplez les saints parvis !

Car le ciel est à vous, c'est là notre espérance ;
Des soldats valeureux telle est la récompense.
Vous avez trop souffert pour n'être pas heureux.
Vous avez tant coûté de larmes à vos mères !
Et l'Eglise a versé sur vous tant de prières !
Et notre France en deuil a formé tant de vœux !

Ah ! vous étiez les vrais enfants de la patrie !
Puissions-nous, comme vous, lui donner notre vie !
Car nous voulons sa gloire et sa sécurité ...
C'est la grande leçon qui sort de votre tombe.
Heureux qui, comme vous, nobles guerriers, succombe,
Par l'honneur et la foi pour jamais abrité !

BESANÇON, IMPRIMERIE DE PAUL JACQUIN.

9 782329 553115